子どもと初心者のための
笑顔のレシピ

秋永優子・久川佐紀子 著

大学教育出版

はじめに
― 笑顔の世界へ、ようこそ ―

　料理を作ることのできる喜び、手作りしたものを自分で食べるしあわせ、大切な人に料理を作ってあげるワクワク感、自分のことを思って作られた料理を食べる人のうれしい気持ち…こんな風に笑顔がひろがっていきます。あなたもこの笑顔の世界へ、ようこそ。

　効率優先のわが国では、食事を手作りし、家族と語らいながら食卓を囲むことが減ってきました。そして、日常のくらしを大切に思う気持ちも減り、自分という存在の尊さがわからなくなっている人が増えています。

　本当に大切なものを日々のくらしの中で味わうために、笑顔にたくさん出会うために、料理を自分で作ってみましょう。自分でおいしさをかみしめ、しあわせな気持ちになりましょう。そしてあなたのまわり人にも、味わわせてあげてください。

　笑顔が生まれるためには、体調がよいことも重要です。そのためには、お米のごはんを食事の中心にすえましょう。ごはんは、おいしく、また、理想的なエネルギー源です。さらにおかずもおいしく感じ、食事の栄養バランスもよくなるのです。おかずがない時は、のりやつけもの、ふりかけでもOK、おかしやジュースより、ずっと力がわいてきます。

　おかずも、和食を中心にしてみましょう。和食は、作るのが難しいと思われがちですが、実はけっこうかんたんです。に魚なんて、もっとも楽に作れ、かつおいしくて、びっくりするほどです。ひじきのにものは、こどもにも人気の高い料理です。ひじきのにものの作り方がわかれば、きりぼし大根のにものやいろいろな料理にも応用できます。「『おふくろの味』を作ろうと思って高野豆腐の包みを開けたけれど、乾物の『もどし』方がわからず、また包みに『もどし』た。これからは、あたためるだけで食べられるレトルトの『ふくろ』入り料理を、お『ふくろ』の味と呼ぶことにした」というジョークも昔話にしちゃいましょう。

　料理を味わってひと休みしたあとは、片付けも自分で最後まできれいにします。とてもすがすがしい気持ちになります。何でもないことですが、大切なこと。ここまでできれば、一人前の人間として自立して生きていけます。自分で自分に感心し、ほめてあげましょう。

　これからの毎日が、さらに元気で、より楽しく、笑顔でいっぱいになりますように。

2009年2月

　　　　　　　　　　　　　　　　　　　　　　　　　　　　　　　秋永優子・久川佐紀子

目　次

はじめに─笑顔の世界へようこそ─……………………… 1

1．調理のルール
調理のための約束……………………………………… 4
食品のおよその重さ…………………………………… 4
切る時のルール………………………………………… 4
にんじんとじゃがいもの皮のむき方………………… 5

2．かんたん・おいしい料理
ごはん…………………………………………………… 6
いりこだしのとり方…………………………………… 8
いりこのつくだに（だしがらの利用）……………… 9
みそ汁（たまねぎとキャベツのみそ汁）…………… 10
みそ汁（じゃがいもとたまねぎのみそ汁）………… 12
カラフルゆで野菜……………………………………… 14
こまつなのおひたし…………………………………… 16
ほうれんそうのおひたし……………………………… 18
ゆでたまご……………………………………………… 20
青菜のしらあえ………………………………………… 21
ふろふき大根…………………………………………… 22
野菜いため……………………………………………… 24
いりたまご……………………………………………… 26
ぶた肉のしょうがやき………………………………… 27
たまごやき（あまくち）……………………………… 28
ねぎ入りたまごやき…………………………………… 29
やき魚（ひもの）……………………………………… 30
に　魚…………………………………………………… 31
肉じゃが………………………………………………… 32
ひじきのにもの………………………………………… 34
ごぼうとにんじんのきんぴら………………………… 36
きゅうりとわかめのすのもの………………………… 38

3．お役立ち情報
みそづくり（あわせみそ）…………………………… 40
野菜50ｇの分量 ……………………………………… 42
「ゆでる」「いためる」で作ろう……………………… 43
しゅんごよみ〈福岡の野菜〉………………………… 44
季節のおいしいメニュー……………………………… 46

1．調理のルール

●調理のための約束

調理は、危険の多い作業です。
水あり、火あり、熱湯あり、刃物あり。
調理の前に、次の6つの約束をしましょう。

① 最初に手をよく洗う
② 火や湯のそばではさわがない
③ 火のそばにもえやすいものをおかない
④ 包丁を持ったら、しんちょうに
⑤ 生の肉や魚がふれたものは、必ずすぐにせっけんで洗う
　（手やまな板、さいばしも）
⑥ 水がこぼれたら、すぐにふく

●食品のおよその重さ

	小 (5cc)	大 (15cc)	カップ (200cc)
水・酢・酒	5 g	15 g	200 g
塩	5	15	200
油	4	12	160
みそ・しょうゆ・みりん	6	18	230
さとう	3	9	120
強力粉	3	8	110
薄力粉	2.5	8	110
米	—	—	160

～ポイント～

スプーン1ぱいとは、はしから平らなもので、すりきったときを言います。

計量スプーンは100円ショップでも買えるよ

●切る時のルール

―包丁で切るときの手のそえ方―

食品を押さえている手の中指が、包丁の腹にいつも当たっているようにします。

親指も必ず曲げ、ほかの指より引っ込めます。

このように切ると、ケガをしないよ
切るスピードもグンとアップ！

1. 調理のルール　5

●にんじんとじゃがいもの皮のむき方

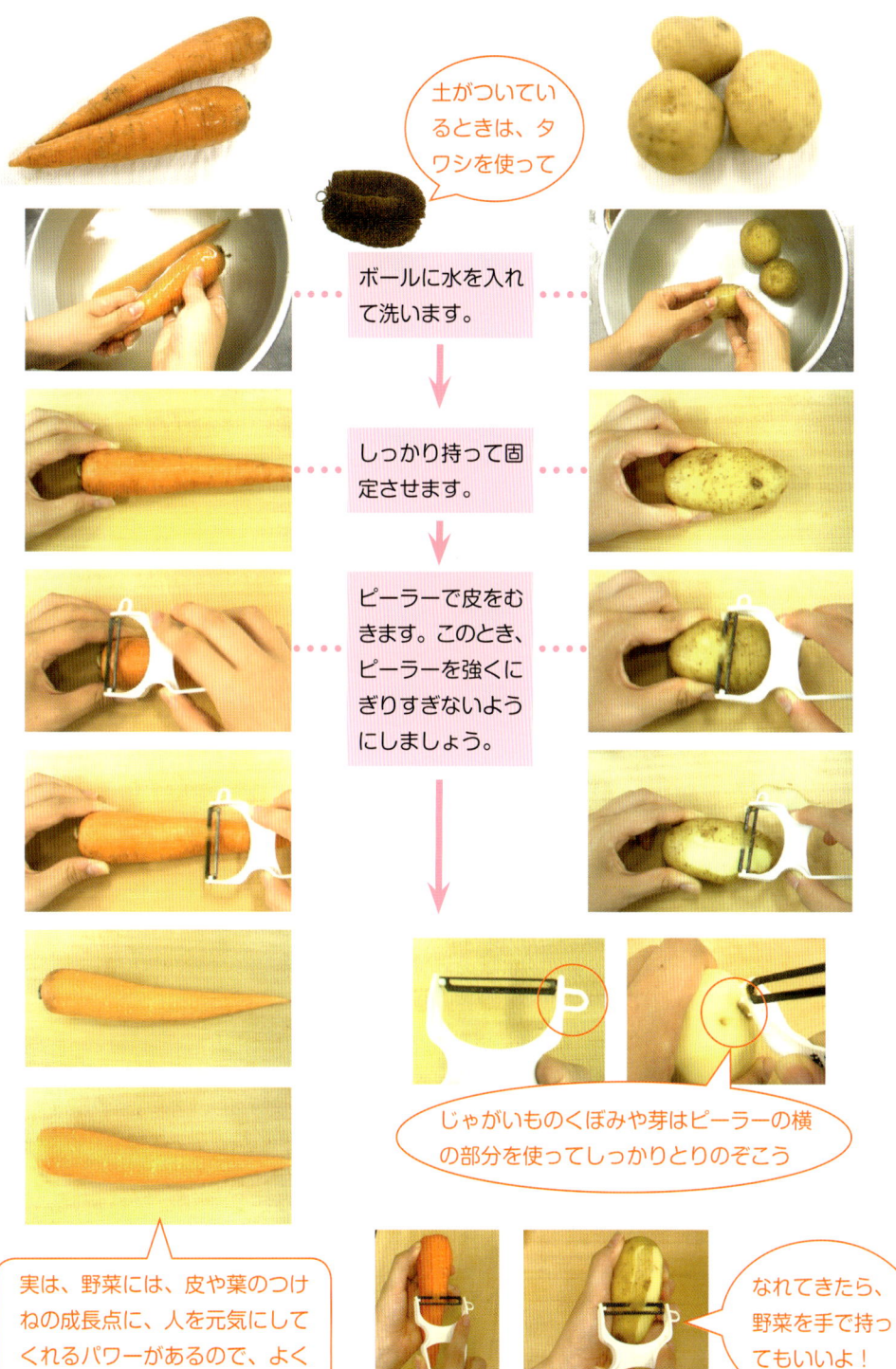

土がついているときは、タワシを使って

ボールに水を入れて洗います。

しっかり持って固定させます。

ピーラーで皮をむきます。このとき、ピーラーを強くにぎりすぎないようにしましょう。

じゃがいものくぼみや芽はピーラーの横の部分を使ってしっかりとりのぞこう

実は、野菜には、皮や葉のつけねの成長点に、人を元気にしてくれるパワーがあるので、よく洗えば、むいたりとったりしなくてもだいじょうぶなんだよ

なれてきたら、野菜を手で持ってもいいよ！

2. かんたん・おいしい料理

ごはん

―マイコンジャー・ＩＨ（アイエイチ）ジャー炊飯器（すいはんき）でたく場合―

材料	1人分	5人分
米	…半合（はんごう）（90cc）（米用カップ1/2）	2合半（米用カップで2はいと1/2）
水	…米の体積の1.2倍 おかまの1/2めもり	…「2」と「3」のめもりの中間

スタート

★お米を計る

～ポイント❶～
自動炊飯器では、計量カップ（200cc）ではなく、米用カップ（180cc）を使って計るようになっています。

左：米用カップ（180cc＝1合）
右：計量カップ（200cc）

米をカップに山盛りにすくいます。

左右にゆすって減らし、カップの上ふちと同じ高さにします。

半合の場合は、90cc（1/2）のめもりまで入れます。

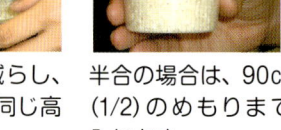

5人分は米用カップ2はい半です。

ボールに入れます。

★お米を洗う

①ボールに水を入れます。

②手で米を包むようにして10回かきまぜます。

①～③を3回やるよ

③米をザルにあげて水を切ります。

2. かんたん・おいしい料理　7

ごはんができるまで（ガスこんろ炊飯とマイコンジャー炊飯器の違い）

```
          0分              30分          50分   60分
           ●───────────────●─────────────●─────●
マイコンジャー・  吸水           炊飯         むらし
ＩＨジャー炊飯器  スイッチ、ポン                      できあがり

           ●──────────●────────────●──────●
ガスこんろで      吸水           炊飯      むらし
たく場合     水につける    火をつける    火を消す  できあがり
```

※マイコンジャーやＩＨジャー炊飯器は吸水時間をとらず、すぐスイッチを入れてよいです。スイッチを入れた後に吸水時間を設けてあります。ガスこんろの火でたく時や、古いタイプの炊飯器でたく時は、しばらく吸水させます。また、マイコンジャーやＩＨジャー炊飯器ではむらし時間を別にとる必要はありませんが、それ以外の場合はたきあがったら、10分ほどふたを開けずに待ちます。

★おかまに入れる

おかまに米を入れ、水を加えます。

5人分はおかまのめもりの「2」と「3」の中間まで入れます。

★たく

スイッチ、ポン

40〜60分くらいでたきあがります。

（吸水とむらしの時間も入っているよ）

底からかきまぜます。

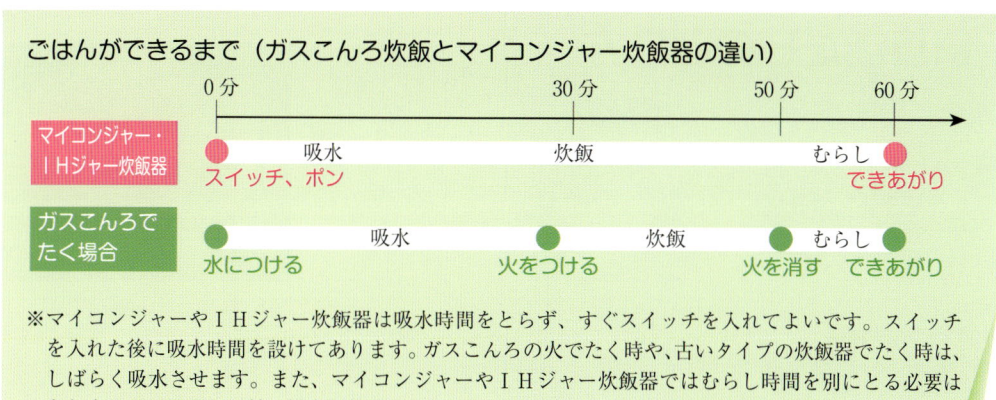

できあがり！

〜ポイント❷〜

少なめに盛りつけて、もっと食べたいときはおかわりをするようにしましょう。

いりこだしのとり方

材料　1人分　　　　　5人分
水………200cc　……………900～1000cc
いりこ…5g（中5尾）……25g（中25尾）

※これは5人分の材料です

スタート

★頭とはらわたをとる

いりこを1つ用意します。

頭のところとおなかのところを持ちます。

おなかの方をしっかりにぎって頭をひっぱってはずします。

右手でしっぽを持ちおなかのところに左手の指をあてます。

おなかにあてた左手の指に力を入れてひっぱります。

★だしをとる

頭とおなかをとらずにそのまま使っても、おいしいだしはとれるよ!!

頭とおなかをとると、さらに味とかおりのよい、上品なだしになるんだよ

水につけておきます。（できれば30分）

いりこのにおいがこもらないようにふたをあけたままだよ

ふたをせずに火をつけます。ふっとう後、中火で3分加熱します。

いりこを取り出します。

いりこを取り出さずみそ汁の具の1つにしてもいいよ

いりこのつくだに（だしがらの利用）

材料	5人分
いりこ（だしがら）	5人分
さとう	大1
しょうゆ	大1
みりん	大1
水	大3

スタート

★調味料をはかる

さとう

しょうゆ

みりんがないときは、さとうをちょっと多めに入れよう

みりん

★いりこを入れてにる

水を大さじ3ばい入れよう

だしをとった後のいりこを入れて火をつけます。

こげないように

汁が少なくなったら火を消します。

もりつけてできあがり。

おいしくて小学生にも人気です。骨もじょうぶになるよ

みそ汁（たまねぎとキャベツのみそ汁）

材料	1人分	5人分
だし汁	150～200cc	800cc
たまねぎ	40g（中1/5こ）	200g（中1こ）
キャベツ	中1/3枚	2枚
油あげ	7g（約1/3枚）	35g（2枚）
ねぎ	5g（中1/10本）	25g（約半本）
みそ	12g（大さじ1弱）	60g（大さじ3～4）

※これは5人分の材料です

スタート

★水を入れたボールの中で野菜を洗い、皮をむき、切る

たまねぎ
両はしを切り落とします（少しだけ）。 
↓
皮をむきます。 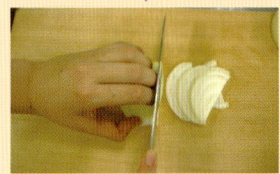
↓
うす切りにします。
↓

キャベツ
手でちぎります。 
↓
大きさはひと口サイズ 

油あげ
たてに半分切ります。 
↓
たんざく切りにします。

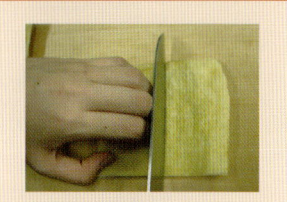

ネギ
小口切りにします。

2．かんたん・おいしい料理　11

★野菜を入れる

鍋を火にかけ、だし汁とたまねぎを入れます。(いりこだしの取り方はp.8)

〜ポイント❶〜

かたいものから順に鍋に入れます。

> たまねぎが半透明になったら入れる

キャベツを入れます。

油あげを入れます。

★みそで味つけする

ふっとうしたら、中火で1分くらいにします。

> みそのかすも鍋に入れていいよ

みそをだしでときます。

〜ポイント❷〜

みそは少なめに入れて、味みして調整します。

〜ポイント❸〜

にすぎるとかおりがとんでしまうため、みそを入れたあとは、すぐ火を消します。

★もりつける

ネギを入れて火を消し、もりつけます。

> ねぎを大きく切った時は、みそを加える前に入れてによう

> 蒸発しないように、すぐに食べない時は、ふたをしておこう

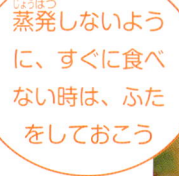

できあがり！

みそ汁（じゃがいもとたまねぎのみそ汁）

材料	1人分	5人分
だし汁	200cc	800〜900cc
じゃがいも	40g（中1/3こ）	中2こ
たまねぎ	30g（中1/5こ）	中1こ
みそ	12g（大さじ1弱）	大さじ3〜4

※これは5人分の材料です

スタート

★じゃがいもを切る

じゃがいもの皮のむき方は、p.5を見よう

うす切りにします。

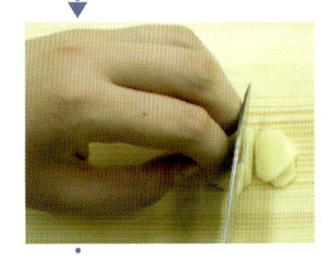

厚いと、にえるのに時間がかかるよ

★たまねぎを切る

両はしを切り落とします（少しだけ）。

皮をむきます。

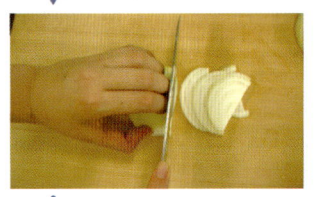

うす切りにします。

なれてきたら皮を包丁でむいてもいいよ

2．かんたん・おいしい料理　13

★具をにる

だし汁を火にかけます。(強火)
だし汁のとり方は p.8

〜ポイント❶〜

かたいものから順に鍋に入れます。

じゃがいもを鍋に入れます。

たまねぎを鍋に入れます。

汁が蒸発しないように、ふたをする

ふっとうしたら、中火で5分くらいにます。

★みそで味つけする

みそをだしでときます。

みそのかすも鍋に入れていいよ

味みをし、火を消します。

〜ポイント❷〜

みそを入れたあとは、すぐ火を消します。に立てるとかおりがとんでしまいます。

すぐに食べない時は、ふたをしておこう

できあがり！

もりつけます。

カラフルゆで野菜

材料	1人分	5人分
じゃがいも	1/5こ	1こ
にんじん	1/5本	1本
たまねぎ	1/5こ	1こ
さやいんげん	3本	15本

※これは5人分の材料です

スタート

★野菜を洗う

- にんじん
- じゃがいも 
- たまねぎ 
- さやいんげん 

★野菜の皮をむき、切る

じゃがいも 
1. 皮をむきます。
2. 2つに切ります。  
3. さらに2つに切ります。
4. 1cmくらいの厚さに切ります。

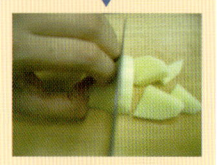

たまねぎ 
1. 両はしを切りおとします。 
2. 皮をむきます。 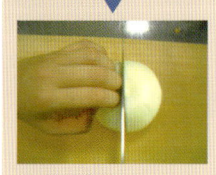
3. 半分に切ります。 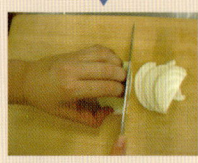
4. うすく切ります。

にんじん
うすく輪切りにします。 

さやいんげん 
1. へたをポキッとおって、すじをとります。 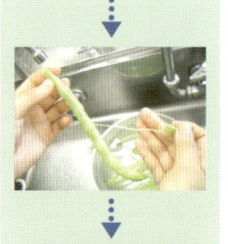 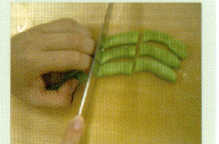
2. 3つに切ります。

すじのない品種もあるよ

2．かんたん・おいしい料理　15

〈みそだれの作り方〉（5人分）

- 大さじ5（80g）　みそを入れます。
- 大さじ3（50g）　だし汁か水を入れます。
- 大さじ4（40g）　さとうを入れまぜます。
- ふっとうしたらよくまぜ、火を消します。

★野菜をゆでる

鍋に多めに水を入れます。

じゃがいもを入れます。

強火

ふたをして火をつけます。

ふっとうしたらたまねぎを加えます。
約2分ゆでるよ

にんじんも加えます。
約2分ゆでるよ

さやいんげんを入れます。
約2分ゆでるよ

★ザルにとったらできあがり

ザルにあげます。

やけどしないように！

みそだれや塩で食べよう

できあがり！

〜ポイント〜
にんじんをうすく切った時は、はやくにえるのでふっとうした後に入れます。

こまつなのおひたし

材料　1人分　5人分

こまつな………60ｇ………300ｇ（1〜3わ）
かつおぶし……少々………少々
しょうゆ………少々………少々

※これは5人分の材料です

スタート

★洗う

水を入れたボールの中で洗います。

内側もよく洗おう！

根元の土も洗い落とします。

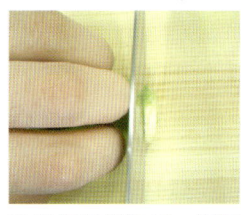

まな板に置いて、根元を2㎜くらい切り落とします。

★わかす

鍋に水を多めに入れます。

ふたをし、火をつけます。

ふたをしたら早くふっとうするよ

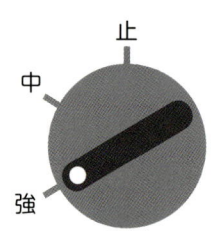

コンロのつまみを最大に開き、強火にします。

★ゆでる

ふっとうしたら、ふたをとり…

やけどに気をつけよう

根元から入れます。

はしを使って、葉の部分までひたします。

しばらくゆでます。

2分くらいがめやすだよ

緑色がこくなり、しんなりしてきます。

上下をかえします。（ういている上の方と、しずんでいる下の方をひっくり返します）

2．かんたん・おいしい料理　17

冬のこまつなは、茎が太いね。ふわっとあまくて、やわらかくゆであがって、おいしいよ

〈青菜をゆでる時のルール〉
―きれいな緑色にしあげるために―
● 多めのお湯をわかす
● ふっとうしてから青菜を入れる
● 青菜の根元から入れる
● ゆでる時、ふたはしない

2とおりのもりつけができるよ！

かつおぶしミックス　かつおぶしトッピング

★ザルにとる

ゆであがりました。

やけどに気をつけよう

ボールと重ねたザルにとります。

水にはつけません。

熱いのでそのまましばらくさまします。

★こまつなを切る

軽くしぼったこまつなをまな板におきます。

3cmの長さに切ります。

ボールに入れます。　器に入れます。

かつおぶしをかけます。

しょうゆをかけます。

まぜます。

ほうれんそうのおひたし

材料　　　1人分　　　5人分

ほうれんそう……60 g…………300 g（1～3わ）
しょうゆ…………少々…………少々
かつおぶし………少々…………少々

スタート

★お湯をわかす

鍋に多めの水を入れます。

ふたをして、火をつけます。

（ふたをしたら早くふっとうするよ）

強火で湯をわかします。

★洗う

ボールに水をためます。

（内側もよく洗おう！）

ほうれんそうを洗います。土を落とすために、水の中でふるうように洗います。

根元を2mmくらい切り落とします。

★ゆでる

ふっとうしたら…

根元から入れます。

（やけどに気をつけよう）

はしを使って葉も鍋に入れます。

2．かんたん・おいしい料理　19

すりごまをトッピングして。

「おひたし」とは

もともとは、ゆでたあと、しょうゆをだしでわった液にしばらくひたしておいた料理です。色をそこなわず、よい味(あじ)がつきます。

今では、このレシピのように、直接しょうゆをかけることが多くなりました。

★水にさらす

約2分後、緑がこくなり、しんなりしてきたら、ザルにとります。

水に入れます。

水の中でふるように洗います。

ほうれんそうにはあくがあるので、ゆでたあと水にさらすんだよ

★くりかえして洗う

水の中のほうれんそうをザルにもどします。

ボールの水を変えてもう一度ほうれんそうを水に入れます。

水の中でふるように洗います。

★もりつける

手でしぼります。

4cmくらいの長さに切ります。

しょうゆをかけたらできあがり

かつおぶしをトッピングして。

ゆでたまご

材料 　　1人分　　5人分
たまご………… 1こ ………… 5こ

スタート

★鍋に入れて、火をつける

水はたまごがじゅうぶんひたる量だよ

鍋にたまごと水を入れます。

火をつけます。

★ゆでる

ふたをして、ふっとうするのをまちます。

ふっとうしたら弱火

好みのかたさにゆでます。

～ポイント～

好みに合わせてゆでましょう。

火をつけてからの時間	黄身のじょうたい
6～8分	半熟
10分前後	やや半熟
13～15分	かたまっている

★水にとり、からをむいて切る

やけどに注意！

ゆであがったらザルにあげます。

水に入れるとむきやすくなるよ

ためた水の中にたまごを入れます。

からをむいて、切ったらできあがり！

青菜のしらあえ

材料　　　　　　　　1人分　　5人分
青菜（ほうれんそうなど）…40g………200g（1わ）
もめんどうふ……………60g………300g
いりごま…………………5g………25g（大さじ2～3）
しょうゆ…………………2g………10g（約小さじ2）
さとう……………………3g………15g（約大さじ2弱）

スタート

★調味料をあわせる　　　★とうふと調味料をまぜる　　　★ゆでた青菜をあえる

いりごまをすります。

～ポイント❶～
よくすればするほど、きめの細かいしらあえができます。

さとう
しょうゆ
調味料を入れます。

～ポイント❷～
すりばちがなければ、すりごまを使い、ボールに入れて作ってもよいです。

ふきんでとうふを軽くしぼります。とうふがこぼれないように気をつければ、ふきんを使わずにしぼってもよいです。

調味料の中にとうふを入れて、まぜます。

こんもりと、まん中を高くもりつけよう

ゆでて、水気を軽くしぼった青菜を3cmに切ります。

調味したとうふであえます。

できあがり！

とうふが生なので、いたみやすいよ。すぐに食べてしまおう。

ふろふき大根

材料	1人分	5人分
だいこん	100 g	500 g
こんぶ	2 g	10 g
水	適量	適量

（だいこんがじゅうぶんひたる量）

ごまみそだれ

材料	1人分	5人分
みそ	14 g	70 g（大さじ4）
白ごま	3 g	15 g（大さじ1～2）
さとう	8 g	40 g（大さじ4～5）
水またはだし汁	10cc	50cc（大さじ3～4）
ゆずの皮	少々	少々

スタート

★おとしぶたをつくる

アルミホイルを四角形に切ります。

↓

2つにおって

→ さらに2つにおります。

↓

はしっこを、はさみでおおぎ型に切ります。広げた時なべの中より小さい円になるようにします。

→ 反対側の先（円の中心になる部分）を少し切ります。

↓

できあがり！

★切る

3㎝の厚さに切ります。

↓

ぐるりと皮をむきます。

↓

切り口のかどを一周けずるように切ると、にくずれしにくいです（面とりという）。

↓

十字に切り込みを入れます。（深さ2㎝くらい）。

（にえやすくなるよ）

2．かんたん・おいしい料理　23

※これは5人分の材料です

★ゆでる

こんぶを鍋にしきます。

だいこんを入れます。

だいこんがじゅうぶんひたる量の水を入れます。

おとしぶたをし、ふたをして、やわらかくなるまで15分くらいにます。

★ごまみそだれをつくる

ごまをすり、　　さとうを入れ、

みそを入れ、　　水を入れ、

まぜます。

すりごまを使ってボールで作ってもいいよ

これを、鍋に入れて、1回ふっとうさせます。

器にだいこんをもり、ごまみそだれをかけ、刻んだゆずの皮をのせたらできあがり！

ゆずの皮の表面の黄色いところを、おろし金ですりおろしてまぜてもいいよ

野菜いため

材料	1人分	5人分
にんじん	1/5本	1本
たまねぎ	1/5本	1個
ピーマン	1こ（小）	5こ
塩	1g（小さじ1/5）	5g（小さじ1）
こしょう	少々	少々
油	2g（小さじ1弱）	10g（大さじ1）

※これは5人分の材料です

スタート

★野菜を洗う

水を入れたボールの中で野菜を洗います。

★野菜を切る

にんじん 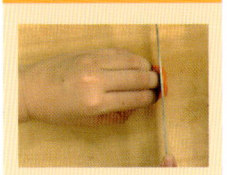
- へたを切ります。 
- 4cm幅に輪切りします。 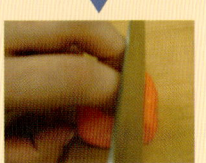
- たておいて、はしを切り、安定させます。  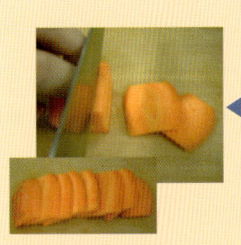
- たてに、うすく切ります。 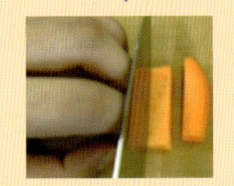
- 2まいかさねて、たんざく切りします。

たまねぎ 
- へたを切ります。 
- かわをむきます。 
- 半分に切ります。 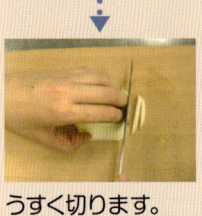
- うすく切ります。

ピーマン 
- たて半分に切ります。 
- へたとたねを手でとります。 
- 細く切ります。

2．かんたん・おいしい料理

〈いためもののルール〉
- いためものは、短時間でできあがる料理なので、材料、調味料、もりつけ用のおさらまですべて準備してから、加熱を始めましょう。
- 油からけむりが出る前にいため始めましょう。
- かたいものから順にいためていきましょう。

★材料と調味料を容器に入れる

材料を切ったら、バットに入れます。

調味料も半分にするよ

5人分の時は、量が多いため、半分に分けます。

★火をつけていため始める

強火

火をつけてフライパンをあたためます。

フライパンに油を入れ、すばや広げます。

油を入れたらすぐに材料を入れるよ

にんじんを入れてまぜます。

★いためて味をつける

たまねぎを加えます。

ピーマンを入れ、少ししんなりするまでいためます。

塩

こしょう

調味料を入れてよくまぜたら火を消して、もりつけます。

いりたまご

材料　　1人分　　　　　　　　5人分

たまご………1こ………………………5こ
塩……………0.4 g……………………2 g（小さじ1/3）
こしょう……少々……………………少々
油……………2 g（小さじ1弱）……10 g（大さじ1弱）

スタート

★たまごと調味料をまぜる

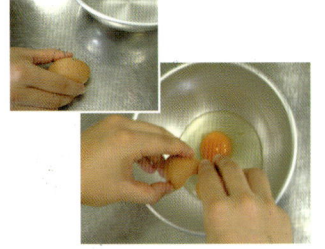

たまごをわります。

はしでよくほぐします。

塩を入れます。

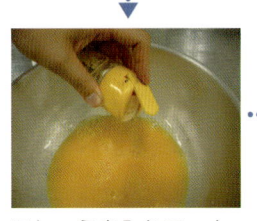

こしょうを入れて、よくまぜます。

5人分のときは、量が多いので、2つに分けます。

★火をつける

強火

フライパンをあたためます。

フライパンに油を入れます。フライパンをかたむけて、すばやく全体に広げます。

油を入れたらすぐにたまごを入れよう

★いためる

中火

たまごを入れます。

全体に広げたらまぜます。

パラパラにかたまるようにします。

5人分のときは、残りの半分も作ろう

火を消し、もりつけてできあがり。

ぶた肉のしょうがやき

材料	1人分	5人分
ぶた肉こま切れ	40 g	200 g
しょうが	3 g	15 g
しょうゆ	4 cc	20cc（大さじ1）
さとう	1 g	5 g（小さじ1〜2）
油	2 cc	10cc（大さじ1）
キャベツ	適量	適量
トマト	適量	適量

※これは5人分の材料です

スタート

★下味をつける　　★いためる　　★つけあわせを切る

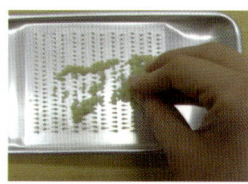

下味をつける
- しょうがをすりおろします。
- バットに調味料としょうがを入れる。（しょうゆ／さとう／しょうが）
- ポリぶくろの中でまぜてもいいよ
- その中でぶた肉をまぜ、10分くらいおきます。

いためる 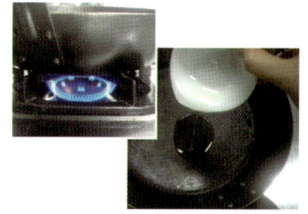
- フライパンを熱し、油を入れ、すばやく広げます。 
- すぐにぶた肉を入れ、色が変わるまでしっかりいためます。
- できあがり！

つけあわせを切る 
- 4枚くらい使います。
- 半分に切ります。 
- 切りやすいように折りたたみます。 
- 切った面を下にして、さらに半分に切ります。 
- 細くせん切りにします。 
- へたを切りおとします。

たまねぎを加えていためてもいいよ！

たまごやき（あまくち）

材料	1人分	5人分
たまご	大1こ	大5こ
さとう	約小さじ1	大さじ2
しょうゆ	約2ｇ	小さじ2
油	約1ｇ	小さじ2

スタート

★たまごを割る

からが入ってないかな

小さな容器に1こずつ割っては、別のボールに入れておこう

別のボールにまとめてまぜます。

よくほぐします。

★調味料を加える

さとう

よくまぜる

しょうゆ

よくまぜる

5人分の時は、2等分します。

油を広げる時、布に含ませてやってもOK！

★フライパンをあたためて焼く

中火

フライパンを火にかけます。

油をひろげる

フライパンがあたたまったら油を入れます。

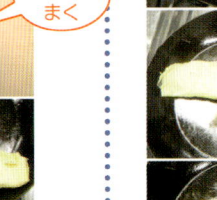

手早く！

ボールの中のたまごの半分を、やいてまきます。

半分残す

全体に広げて…

奥からまく

▶ ボールに残した卵を加えてやきます。

もう1度油を広げる

残りの半分を入れる

また全体に広げる

まいた卵の下にも広げるよ

まいていく

完成！

もう1つのボールの卵でもう1こ作ろう！

ねぎ入りたまごやき

材料	1人分	5人分
たまご	大1こ	大5こ
ねぎ	1本	5本
塩	少々	小さじ1/3
油	約1g	小さじ2

※これは5人分の材料です

たまごが小さいときは、調味料の分量も少し減らしてね

スタート

★切る

人数分に同じ大きさに切ります。

できあがり！

ボールに水を入れてねぎを洗います。

小口切りします。
たまごをほぐし、塩を入れます。

5人分の時は2等分にする

たまごをほぐし、塩を入れます。

ねぎの半分を全体にちらす

残りの半分を全体にちらす

完成！

★切る

できあがり！

肉じゃが

材料	1人分	5人分
牛肉こま切れ	40g	200g
にんじん	1/6本（30g）	1本
じゃがいも	小1こ（100g）	小5こ
たまねぎ	1/4こ（50g）	1こ

調味料	1人分	5人分
水	カップ1/4	200cc（カップ1）
さとう	大さじ1弱	40g（大さじ4）
しょうゆ	大さじ1	90g（大さじ5）
みりん	小さじ1	30g（大さじ1と1/2）

スタート

★野菜を切る

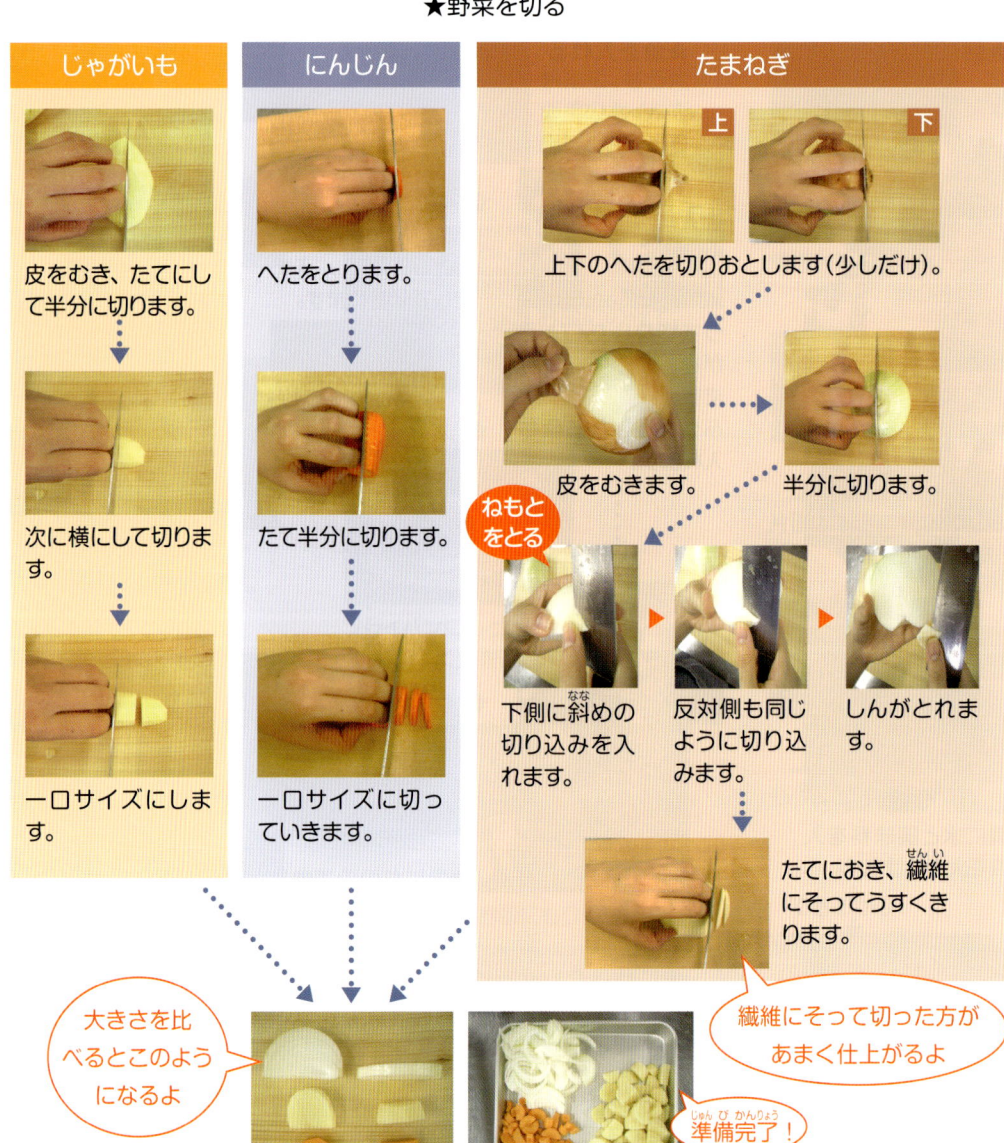

じゃがいも
- 皮をむき、たてにして半分に切ります。
- 次に横にして切ります。
- 一口サイズにします。

にんじん
- へたをとります。
- たて半分に切ります。
- 一口サイズに切っていきます。

たまねぎ
- 上下のへたを切りおとします（少しだけ）。
- 皮をむきます。
- 半分に切ります。
- ねもとをとる：下側に斜めの切り込みを入れます。
- 反対側も同じように切り込みます。
- しんがとれます。
- たておき、繊維にそってうすくきります。

大きさを比べるとこのようになるよ

繊維にそって切った方があまく仕上がるよ

準備完了！

2．かんたん・おいしい料理　33

※これは5人分の材料です

〈具の切り方のルール〉
- 小さい方が、早くやわらかくなり、味もよくしみます。
- 大きい方が、にくずれしにくく、その野菜のもち味や口ざわりが楽しめます。
- かたいものや風味の強いものは、小さめに切ります。

★調味料を鍋に入れる

水
しょうゆ
さとう
みりん

- 肉は、こま切れを買っておくと、切らずに使えるよ！
- 衛生上、生の肉がふれた器具や手は、すぐに石けんでよく洗おう。

★具をなべに入れる

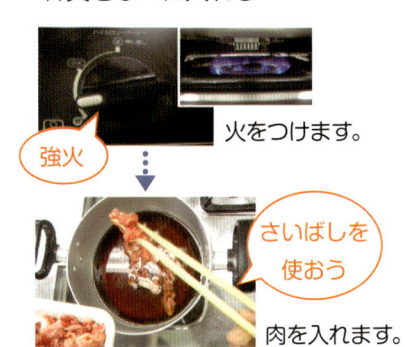

強火
火をつけます。

さいばしを使おう
肉を入れます。

よくほぐします。

肉の色がかわります

ふっとうしたら野菜を入れます。

じゃがいも　にんじん
たまねぎ

おいしくなーれ

★にる

かきまぜます。

ふたをします。

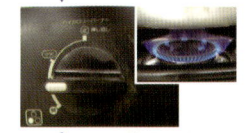

ふっとうしたら、中火にします。

20分にるよ

かるくまぜて火を消します。

できあがり！

ひじきのにもの

材料 | 1人分 | 5人分
乾燥(かんそう)ひじき……… 5 g ……25g
（生ひじきの場合…40 g ……200g）
にんじん……………10 g ……50g
あぶらあげ……… 4 g ……20g

調味料 | 1人分 | 5人分
さとう…… 5 g ……25g（大さじ3）
しょうゆ…約3 g ……18g（大さじ1）
水………40 g ……200g（1カップ）

スタート

★ひじきをもどして洗う

乾燥ひじきを水でもどします。ボールにひじきとたっぷりの水を入れ、20分待ちます。

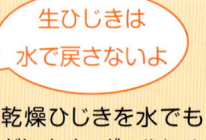

生ひじきは水で戻さないよ

ほぐすように洗います。

ボールに残った砂(すな)は捨(す)てるよ

ザルにひじきをうつします。

もう一度ボールにひじきを入れます。

洗います。

ザルにとったらOK

水をかえます。

水でもどす前と後を比べるとこんなに違うね。

★切る

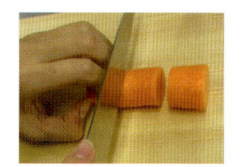

洗ったにんじんを4cm位に切ります。

あぶらあげを半分に切ります。

安定するよ

側面を少し切ります。

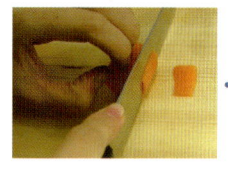

せん切りします。

たんざくに切ります。

かさねてせん切りします。

芽ひじき　長ひじき

ひじきを切る？
- 芽ひじきは小さいのでそのまま使う。
- 長ひじきは、ポキポキ手で折るか、もどしたあと包丁で切る（めやすは4cmくらいだが、長さはあまり気にしなくてよい）。

2．かんたん・おいしい料理　35

※これは5人分の材料です

★に始める

鍋に水を入れます。

ひじきを入れます。

強火

火をつけます。

ふたをし、ふっとうしたら中火にして、10分にます。

★調味料を入れる

中火

火は中火です。

さとうとしょうゆを入れます。

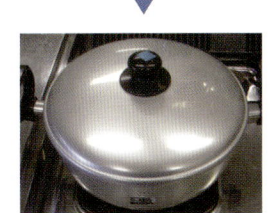

10分にて、ひじきに味をしみこませます。

★具を加える

にんじんとあぶらあげを入れます。

さいばしでまぜます。

ふたをして、汁が少なくなるまでにましょう。

につめすぎるとこげるよ

ごぼうとにんじんのきんぴら

材料	1人分	5人分
ごぼう	40g	200g
にんじん	10g	50g
とうがらし	少々	少々
油	0.3g	1.5g（小さじ1）

調味料	1人分	5人分
さとう	3g	15g（大さじ2）
水	10cc	50cc（大さじ3と小さじ1）
しょうゆ	5g	25g（大さじ1と小さじ1）

スタート

★野菜を洗う

土をざっと洗い流します。

使いやすい大きさに切ります。

たわしを使う場合／包丁の背を使う場合

ごぼうの表面をこすったり、こそいだりします。

水につけておきます。

ひょうし木切りにするため、4cmの長さにそろえます。

水につけておきます。

★野菜を切る

ごぼう

側面を薄く切り、安定させます。

切る前 → 切った後

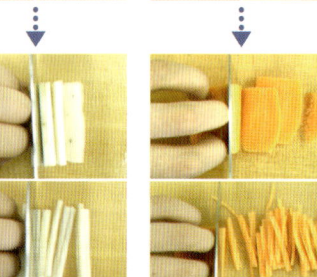

うす切りし、せん切りします。

切ったごぼうは水につけておきます。

ザルとボールを使うと簡単

ごぼうのアクを取り除くため、ザルに上げます。

にんじん

切る前 → 切った後

とうがらし

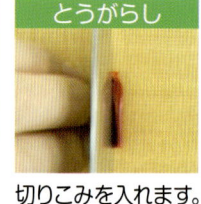

切りこみを入れます。

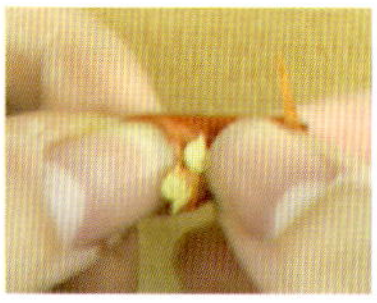

たねをとります。

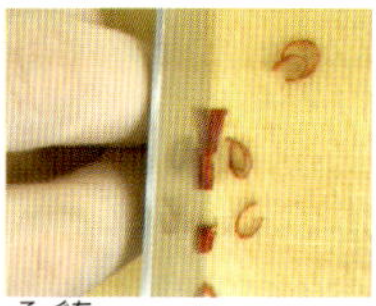

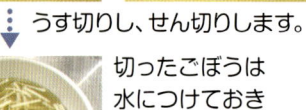

小口切りします。

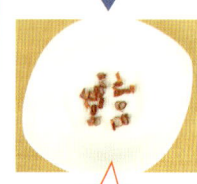

辛くなるので少しだけ入れよう

2．かんたん・おいしい料理　37

※これは5人分の材料です

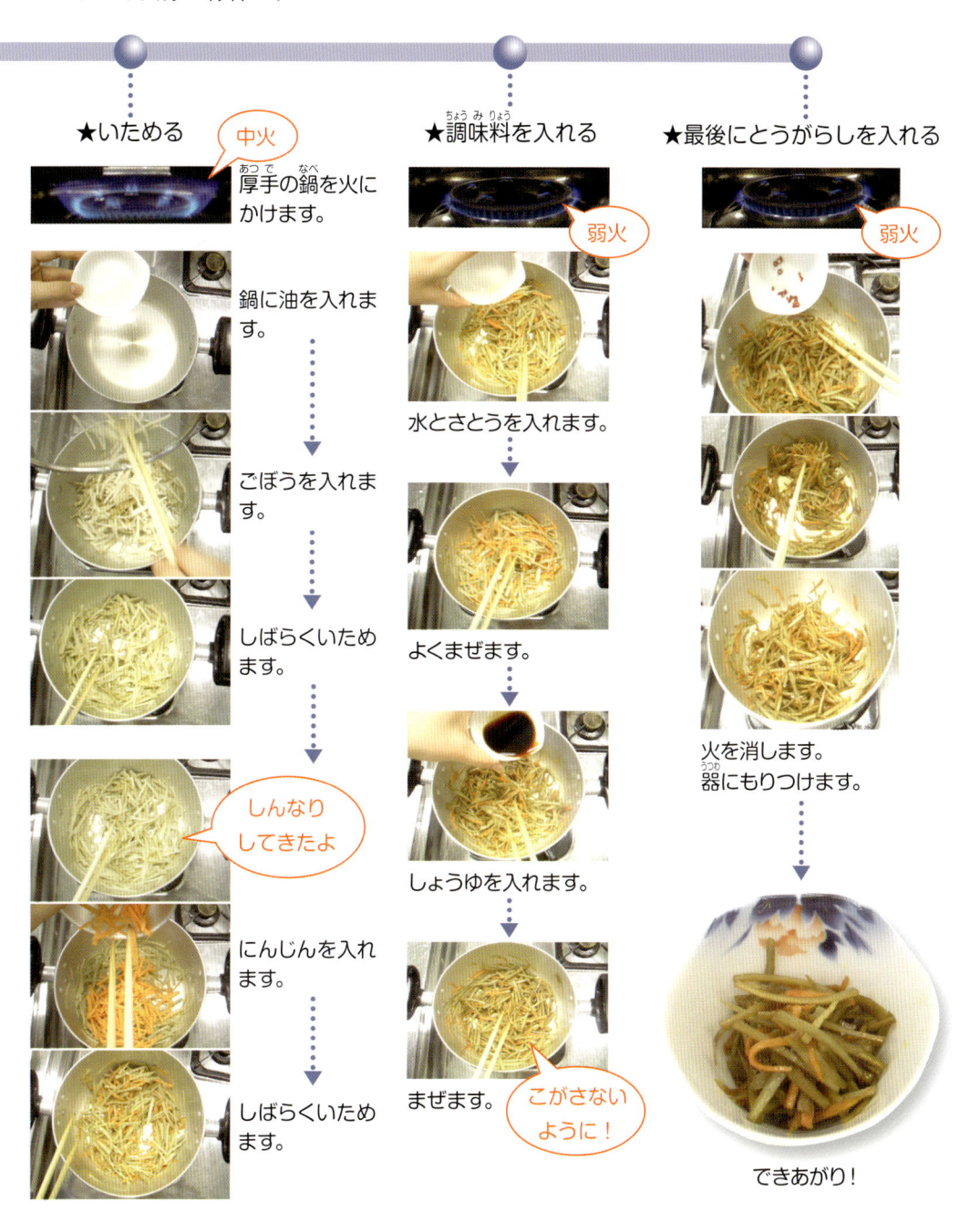

★いためる

中火

厚手の鍋を火にかけます。

鍋に油を入れます。

ごぼうを入れます。

しばらくいためます。

しんなりしてきたよ

にんじんを入れます。

しばらくいためます。

★調味料を入れる

弱火

水とさとうを入れます。

よくまぜます。

しょうゆを入れます。

まぜます。

こがさないように！

★最後にとうがらしを入れる

弱火

火を消します。
器にもりつけます。

できあがり！

きゅうりとわかめのすのもの

材料	1人分	5人分
塩わかめ	5 g	25 g
（乾燥わかめ	2 g	10 g）
きゅうり	1/2本	2本と1/2
塩	0.5 g	2.5 g（小さじ1/2）

三杯酢

材料	1人分	5人分
酢	6 g	30g（大さじ2）
砂糖	3 g	15g（大さじ1と1/2）
塩	0.6 g	3 g（小さじ1/2）

スタート

★きゅうりを塩もみする

きゅうりをうす切りにします。

塩をふります。

まぜます。

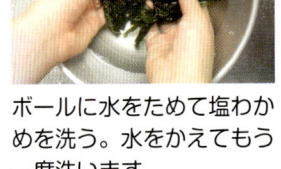

そのままおいておきます。

★わかめを洗う

ボールに水をためて塩わかめを洗う。水をかえてもう一度洗います。

水をかえて2〜3分ひたします。

しぼります。

＊乾燥わかめの場合、10分間水にひたしてもどしておく。

しばらくしたら……

★わかめを切る

一口大に切ります。

きゅうりから水分が出てきます。

2．かんたん・おいしい料理　39

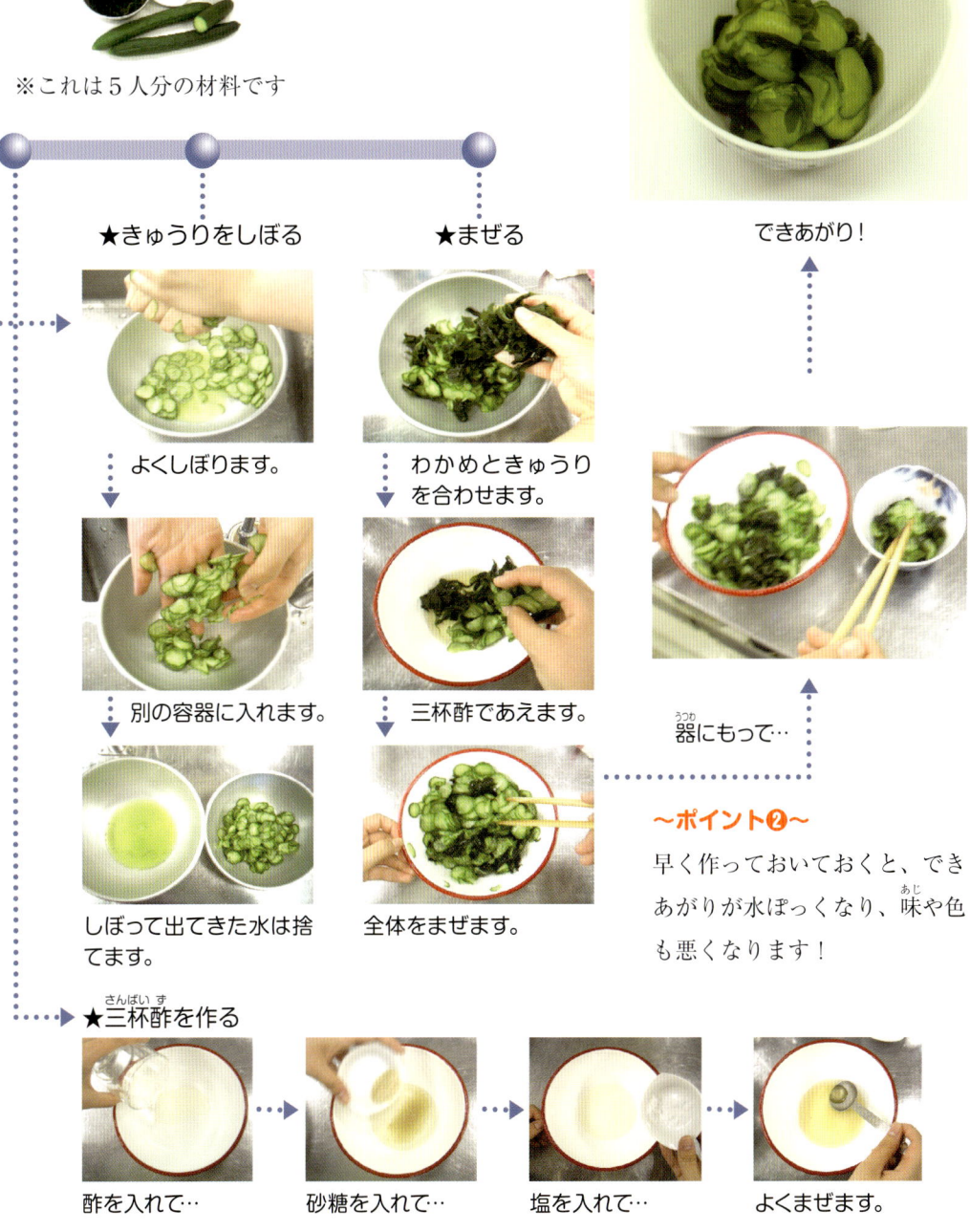

※これは5人分の材料です

★きゅうりをしぼる　　★まぜる　　　　　　　　　　できあがり！

よくしぼります。　　　わかめときゅうり
　　　　　　　　　　を合わせます。

別の容器に入れます。　三杯酢であえます。

　　　　　　　　　　　　　　　　　　　　　器にもって…

しぼって出てきた水は捨　全体をまぜます。
てます。

　　　　　　　　　　　　　　　　　　　　　～ポイント❷～
　　　　　　　　　　　　　　　　　　　　　早く作っておいておくと、でき
　　　　　　　　　　　　　　　　　　　　　あがりが水っぽくなり、味や色
　　　　　　　　　　　　　　　　　　　　　も悪くなります！

★三杯酢を作る

酢を入れて…　　砂糖を入れて…　　塩を入れて…　　よくまぜます。

～ポイント❶～
金ぞくの容器は酢でいたむので、ホウロウやガラ
ス、陶磁器を使いましょう。

陶磁器とは、普通のお茶わんや
お皿などの材質の器のことだよ

3．お役立ち情報

みそづくり（あわせみそ）

材料	1人分	5人分
乾燥大豆	60 g	300 g
（よくにえた大豆）	140 g	700 g
米こうじ	100 g	500 g
麦こうじ	100 g	500 g
塩	40 g	200 g
大豆のに汁か湯ざまし	適量	

手作りみそは香りがよく、とってもおいしいです。そして、安全・安心です。米こうじで作ったみそを米みそ、麦こうじで作ったみそを麦みそといいます。

スタート

★こうじをまぜる

麦こうじをポリぶくろに入れます。

米こうじもポリぶくろに入れます。

手でよくほぐします。

★こうじに塩をまぜる

ほぐしたこうじの中に塩を入れます。

空気を入れます。

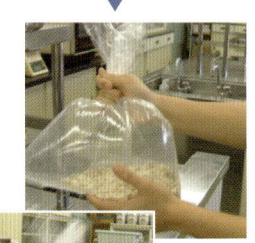

よくふります。

★大豆をつぶす

やわらかくにておいた大豆を新たなポリぶくろに入れます。

大豆をつぶします。

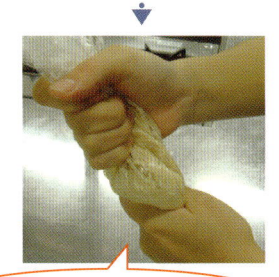

つぶがなくなるまでつぶすよ

3. お役立ち情報　41

こうじは、みそやさんや農産物直売所で買えるよ

〈みその熟成〉
- 温度変化の少ない冷暗所におきます。（冷蔵庫では冷たすぎて発酵しません）
- 3か月たったら食べられます。若いみそはあまく、こうじの香りがよく、おいしいです。1年以上たったよく熟成したみそは、うまみも強く、香りもゆたかで、これまたおいしいです。
- 白いカビや黒いカビなどがはえますが、カビの部分だけ取り除けば、あとはおいしく食べられます。

★こうじと大豆をまぜる

つぶした大豆のふくろにこうじと塩をまぜたものを入れます。

ふくろに手を入れてこねてみよう

よくこねます。

固いときは大豆のに汁を小さじで加えてね

耳たぶくらいの固さにしよう

袋から取り出します。

★みそだまをかめにつめる

半分の量を手にとり、丸くします。

みそだまを2こ作ります。

みそに空気が入らないようにおしながらつめます。

かめでなくてもタッパーやポリぶくろでも作れるよ。

★塩をふり和紙をする

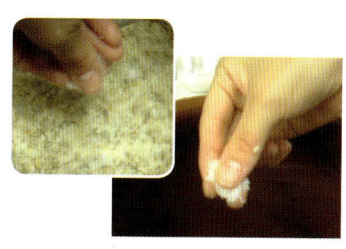

表面に少しずつ塩をふって、カビがはえにくくします。

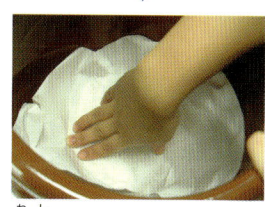

和紙でおおいます。和紙がなければ、ラップでおおいます。

ふたをしたらできあがり！

野菜 50g の分量

野菜	下処理	調理後
きゅうり (50g)	あらって切る	
レタス (50g)	お湯をかけた場合	
ブロッコリー (50g)	ふっとうして入れる（2分）	
トマト (50g)	あらって切る	
きゃべつ (50g)	ふっとうして入れる（1分）	
にんじん (50g)	色があざやかになるまでゆでる	
アスパラガス (50g)	ふっとうして入れる（1分）	
だいこん (50g)	すきとおってくるまでゆでる	
もやし (50g)	ふっとうして入れる（1分）	

資料：福岡市立鳥飼小学校・薦田由美子教諭提供
（秋永加筆）

~ポイント❶~
ゆで時間は、野菜の切り方やお湯の量でかわります。

~ポイント❷~
にんじんや大根など、根菜を大きく切ったときは、水が冷たいうちから入れてゆでます。

「ゆでる」「いためる」で作ろう

〈 料 理 名 〉

5年 — 野菜サラダを作ろう

- ゆでる：温野菜のサラダ（ブロッコリ、キャベツ、アスパラなど）

朝食に合うおかずを作ろう

- ゆでる：青菜のおひたし など
- いためる：野菜いため／スクランブルエッグ など

6年 — つくれるよ！オリジナル弁当

- ゆでる：ポテトサラダ／こふきいも／ゆでたまご など
- いためる：きんぴらごぼう／にらたまご など
- ゆでる＋いためる：アスパラのベーコンまき／にんじんのベーコンまき／ほうれんそうのたまごまき など

※「ご飯とみそ汁」は題材指定なので除く。
※弁当は子どもたちの作品。

資料：筑後市小学校家庭科研究会提供
「平成18年度研究のまとめ」より

しゅんごよみ〈福岡の野菜〉

* しゅん　（収穫できる）：⟵⟶
* 出回り期（貯蔵できる）：⟵-⟶

	1月	2月	3月	4月	5月	6月	7月	8月	9月	10月	11月	12月
大根												
にんじん												
玉ねぎ												
じゃがいも												
さといも												
さつまいも												
ごぼう												
れんこん												
かぶ												
トマト												
きゅうり												
なす												
かぼちゃ												
とうもろこし												
キャベツ												
白さい												
ブロッコリー												
レタス												
ほうれんそう												
葉ねぎ												
にら												
アスパラガス												
さやいんげん												
えだまめ												
ピーマン												

3. お役立ち情報

	1月	2月	3月	4月	5月	6月	7月	8月	9月	10月	11月	12月
こまつな	→→→				←←←					←←←		
チンゲンサイ	→				←←→					←←←←		
しゅんぎく	→→→→									←		
フダンソウ						←→→→→						
かつおな	→→									←←		
モロヘイヤ							←→→					
グリンピース					←→							
スナックエンドウ					←→							
ソラマメ					←→							
ツルムラサキ							←→→					
オクラ							←→→					
わけぎ	←←←→→									←←		
菜花(なばな)	→→→→→→→										←	
はやとうり										←→		
とうがん						←→→→						
たけのこ	- - - →			←→→		- - - - - - - -						
ふき					←→							

(出典：秋永、三浦ほか、学校給食における旬の野菜活用のための旬ごよみの提案、福岡教育大学教育実践研究、Vol.13、2005)

> 野菜のしゅんは地域によってかわります。自分のくらしている地域のしゅんを調べてみましょう。農協(のうきょう)や農産物直売所(のうさんぶつちょくばいしょ)でも、しゅんごよみを作っているところがあります。問い合わせてみましょう。

季節のおいしいメニュー

　しゅんの野菜や魚を生かしたメニューで作ってみましょう。料理がいっそうおいしく仕上がること、うけあいです。
　日本の食事の基本形(きほん)は、一汁三菜(いちじゅうさんさい)といいます。それをヒントに、季節の材料を使って、楽しく食事を作りましょう。次の一汁二菜や一汁三菜のメニューを参考にしましょう。

春
- ごはん
- みそ汁（キャベツとあつあげとねぎ）
- やき魚
- 青菜(あおな)のしらあえ

夏
- ごはん
- みそ汁（新ジャガと新たまねぎとにんじん）
- ぶた肉のしょうがやき（ニラ入り）
- すのもの

秋
- ごはん
- みそ汁（かぶと白ねぎと油あげ）
- に魚
- カラフルゆで野菜

冬
- ごはん
- みそ汁（とうふとしめじ）
- ふろふき大根
- 青菜のおひたし
- いりこのつくだに

■著者紹介

秋永優子（あきなが　ゆうこ）
1959 年、大分県大分市生まれ。
お茶の水女子大学大学院修士課程家政学研究科修了。
1984 年から福岡教育大学助手。現在は、同大学教授。
1987 年から 1 年間、スイス、ローザンヌ大学文化人類学・社会学研究所客員研究員。
著書に『調理科学実験ノート』（医歯薬出版、共著）、『家庭科教師の実践力』（建帛社、共著）、『総合調理科学事典』（光生館、共著）など。

久川佐紀子（ひさかわ　さきこ）
1982 年、熊本県山鹿市生まれ。
福岡教育大学大学院修士課程教育学研究科修了。
現在は、宗像市立日の里東小学校講師。

■協力者

山内菜生（やまうち　なお）

子どもと初心者のための　笑顔のレシピ

2009 年 3 月 20 日　初版第 1 刷発行

■著　　者——秋永優子・久川佐紀子
■発　行　者——佐藤　守
■発　行　所——株式会社 大学教育出版
　　　　　　　〒700-0953　岡山市西市855-4
　　　　　　　電話(086)244-1268(代)　FAX(086)246-0294
■印刷製本——サンコー印刷㈱
■装　　丁——ティーボーンデザイン事務所

© Yuko Akinaga, Sakiko Hisakawa 2009, Printed in Japan
検印省略　　落丁・乱丁本はお取り替えいたします。
無断で本書の一部または全部を複写・複製することは禁じられています。

ISBN978－4－88730－897－8